Novena
SAGRADO CORAZÓN DE JESÚS

Por Laila Pita

© Calli Casa Editorial, 2012
Yhacar Trust, 2021

Todos los derechos registrados. Prohibida la reproducción total o parcial de esta obra en todo su contenido: texto, dibujos, ideas e ilustraciones de portada, sin autorización por escrito.

www.solonovenas.com
#2500-781

UN POCO DE HISTORIA

Jesús, durante su vida, su agonía y su pasión nos ha conocido y amado a todos y a cada uno de nosotros y se ha entregado por cada uno de nosotros: "El Hijo de Dios me amó y se entregó a sí mismo por mí" (Ga 2, 20). Nos ha amado a todos con un corazón humano. Por esta razón, el sagrado Corazón de Jesús, traspasado por nuestros pecados y para nuestra salvación (Jn 19, 34), "es considerado como el principal indicador y símbolo… del amor con que el divino Redentor ama continuamente al eterno Padre y a todos los hombres". El Sagrado Corazón de Jesús ha sido venerado desde la época Medieval. Por medio de testimonios antiguos como los de Santa Matilde de Hackeborn, Santa Gertrudis de Helfta y la Beata Ángela de Foligno. Se cree que la forma de devoción más importante es la de Santa Margarita María Alacoque de la Orden de la Visitación de Santa María, se dice que presenció una aparición de Jesús diciéndole que oraran con devoción al Sagrado Corazón y recibirían muchas gracias divinas. Se expandió la devoción por el mundo a través de los miembros de la Compañía de los Jesuitas.

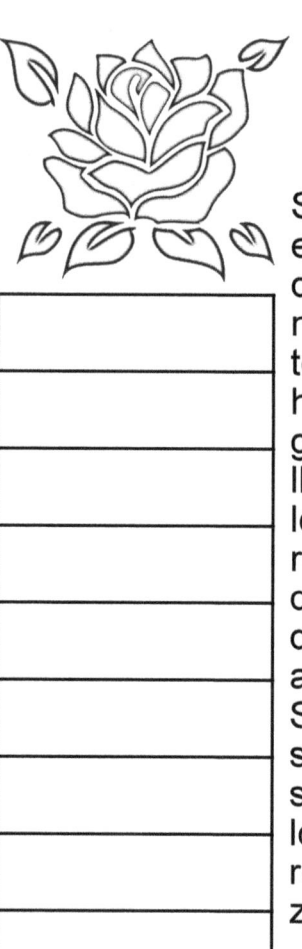

MILAGRO

Allá por los años 90s en la Parroquia de Santa María, Venezuela, el Padre Eduardo Pérez del Lago, después de una misa presenció lo siguiente: quedaron dos trozos de hostia con una forma Sagrada sobre el mantel. Esto llamó mucho la atención de los ahí presentes, la pusieron en el cáliz para que se diluyera, después de seis días seguía intacta, un día antes de la celebración del Sagrado Corazón de Jesús, se había convertido en sangre, su aspecto cambió, lo analizaron y descubrieron que era carne de corazón vivo.

ORACIÓN DIARIA

Sagrado Corazón de Jesús Sacramentado, por amor sufriste el tormento, por una lanza fuiste traspasado. Nos perdonaste todas las ofensas, porque tus dádivas son inmensas. Te ofrendo esta novena para pedirte perdones mi pasado. He cometido muchos errores y el momento de reparar ha llegado, porque di el amor con ganas intensas, pero hoy sentado frente a ti me siento sin defensas, mis equivocaciones me hacen sentir avergonzado. No supe tratar correctamente a la persona de quién estuve enamorado y a los que amé no di recompensas.

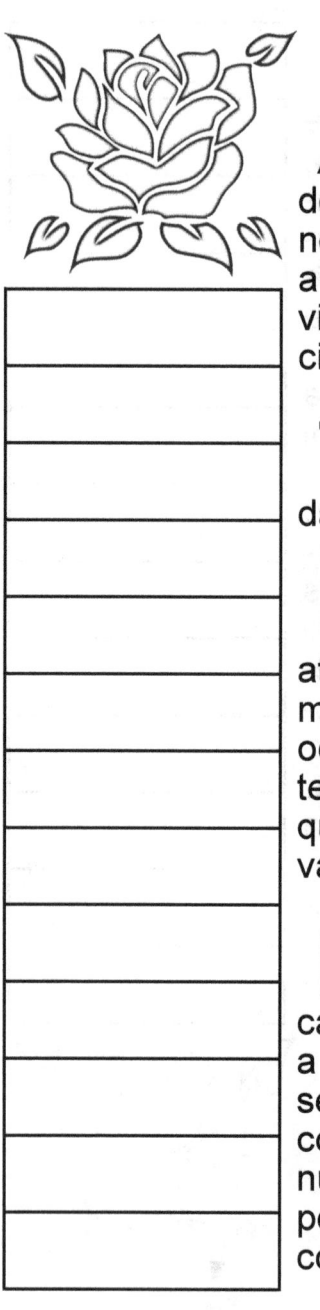

HAGA SU PETICIÓN

Aquí estoy hincado a tus pies. Con la luz de tus quinqués que no tienen comparación alumbra a este humilde feligrés que viene a hacerte esta petición.

Te ruego con todo mi corazón me concedas... (Se hace la petición)

Esto es un asunto de interés te suplico tu atención me des. Concédeme lo que te pido en esta ocasión y con tu divina protección me ayudes, para que seas tú siempre mi salvación.

Padre Nuestro, que estás en el cielo, santificado sea tu nombre; venga a nosotros tu reino; hágase tu voluntad, en la tierra como en el cielo. Danos hoy nuestro pan de cada día; perdona nuestras ofensas, como también nosotros

perdonamos a los que nos ofenden; no nos dejes caer en la tentación, y líbranos del mal. Amén.

Dios te salve, María, llena eres de gracia, el Señor es contigo. Bendita tú eres entre todas las mujeres, y bendito es el fruto de tu vientre: Jesús. Santa María, Madre de Dios, ruega por nosotros, pecadores, ahora y en la hora de nuestra muerte. Amén.

Gloria al Padre, al Hijo y al Espíritu Santo. Como era en el principio, ahora y siempre, por los siglos de los siglos. Amén.

DÍA PRIMERO

Rey de Reyes ante ti me inclino para que me permitas beber de tu vino, con sumisión confesar mis pecados, acepto que ya son demasiados. Ayúdame a cambiar mí sino, corregir los fracasos del pasado con tu poder divino y en el presente usar métodos adecuados, que me sirvan de experiencia, rescatar sólo los proyectos logrados. Auxíliame para librar estos torbellinos, en adelante mi panorama sea cristalino. Quiero dar pasos acrisolados, sin andar en movimientos abocetados. Dame tu guía Supremo Rabino. Sagrado Rubí de intenso brillo diamantino.

Padre Nuestro, que estás en el cielo, santificado sea tu nombre; venga a nosotros tu reino; hágase tu voluntad, en la tierra como en el cielo. Danos hoy nuestro pan de cada día;

perdona nuestras ofensas, como también nosotros perdonamos a los que nos ofenden; no nos dejes caer en la tentación, y líbranos del mal. Amén.

Dios te salve, María, llena eres de gracia, el Señor es contigo. Bendita tú eres entre todas las mujeres, y bendito es el fruto de tu vientre: Jesús. Santa María, Madre de Dios, ruega por nosotros, pecadores, ahora y en la hora de nuestra muerte. Amén.

Gloria al Padre, al Hijo y al Espíritu Santo. Como era en el principio, ahora y siempre, por los siglos de los siglos. Amén.

DÍA SEGUNDO

Has dicho Señor que el arrepentido tiene perdón. Hoy estoy aquí sumido en mi rincón implorando vuelvas a mí tu mirada y cuando observes mi vida pasada, me tengas compasión. Arrepentido estoy de mis errores, lleno de turbación. Ayúdame para que esto sea de una nueva vida la alborada, en proceso de purificación soñada. Príncipe de los ejércitos celestes dame tu bendición. Te prometo en acto de contrición, esforzarme por mejorar mi manera de ser, sin permitir que mi paciencia sea estorbada. Mi conciencia con tu luz sea alumbrada.

Padre Nuestro, que estás en el cielo, santificado sea tu nombre; venga a nosotros tu reino; hágase tu voluntad, en la tierra como en el cielo. Danos hoy nuestro pan de cada día; perdona nuestras ofensas,

como también nosotros perdonamos a los que nos ofenden; no nos dejes caer en la tentación, y líbranos del mal. Amén.

Dios te salve, María, llena eres de gracia, el Señor es contigo. Bendita tú eres entre todas las mujeres, y bendito es el fruto de tu vientre: Jesús. Santa María, Madre de Dios, ruega por nosotros, pecadores, ahora y en la hora de nuestra muerte. Amén.

Gloria al Padre, al Hijo y al Espíritu Santo. Como era en el principio, ahora y siempre, por los siglos de los siglos. Amén.

DÍA TERCERO

En tu pecho bello rubí valioso, en tus venas corren ríos de amor esplendoroso, tus ojos riegan lágrimas de vida, en tu rostro tierna bondad esculpida. Señor mío de mejorar estoy deseoso y necesito de tu apoyo poderoso. De no haber hecho muchas cosas mi alma vive arrepentida, es por eso que ahora se encuentra compungida. Hoy que te conozco el ejemplo recibido es hermoso, estar cerca de ti me hace sentir orgulloso. Sea un aprendizaje de historia vivida, apelo a tu bondad por el mundo extendida.

Padre Nuestro, que estás en el cielo, santificado sea tu nombre; venga a nosotros tu reino; hágase tu voluntad, en la tierra como en el cielo. Danos hoy nuestro pan de cada día; perdona nuestras ofensas, como también nosotros

perdonamos a los que nos ofenden; no nos dejes caer en la tentación, y líbranos del mal. Amén.

Dios te salve, María, llena eres de gracia, el Señor es contigo. Bendita tú eres entre todas las mujeres, y bendito es el fruto de tu vientre: Jesús. Santa María, Madre de Dios, ruega por nosotros, pecadores, ahora y en la hora de nuestra muerte. Amén.

Gloria al Padre, al Hijo y al Espíritu Santo. Como era en el principio, ahora y siempre, por los siglos de los siglos. Amén.

DÍA CUARTO

Rey de Reyes, Señor de Señores, en cielo y tierra te cantan los ruiseñores. Me inclino ante tu dulce corazón, para rogarte perdones las ofensas sin razón y con tus poderes infalibles mis pesares aminores. Bienaventurado hijo de María vengo a rendirte honores. Arrepentido te imploro, en mi interior apacigües esta quemazón. Todo aquello que ha quedado dentro del buzón, sirva para transformar los sinsabores, en armonía y cosas mejores. Sagrado Corazón de Jesús eres fuerte como visón, para que calmes el mal basta con un rozón.

Padre Nuestro, que estás en el cielo, santificado sea tu nombre; venga a nosotros tu reino; hágase tu voluntad, en la tierra como en el cielo. Danos hoy nuestro pan de cada día; perdona nuestras ofensas,

como también nosotros perdonamos a los que nos ofenden; no nos dejes caer en la tentación, y líbranos del mal. Amén.

Dios te salve, María, llena eres de gracia, el Señor es contigo. Bendita tú eres entre todas las mujeres, y bendito es el fruto de tu vientre: Jesús. Santa María, Madre de Dios, ruega por nosotros, pecadores, ahora y en la hora de nuestra muerte. Amén.

Gloria al Padre, al Hijo y al Espíritu Santo. Como era en el principio, ahora y siempre, por los siglos de los siglos. Amén.

DÍA QUINTO

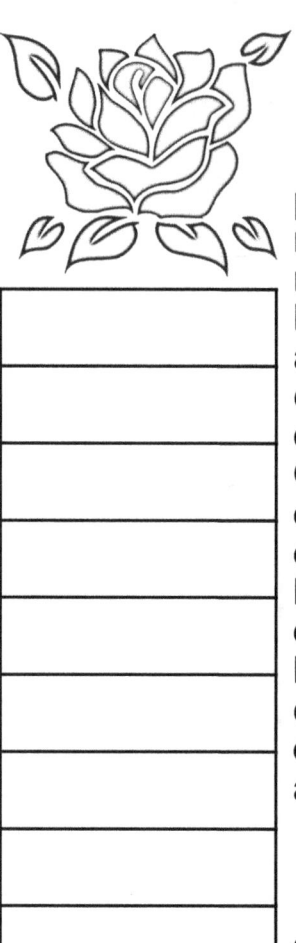

Jesucristo Redentor perdonaste ladrones, prostitutas y asesinos sin rencor. Vengo a ti para que me des valor, no quiero llenar mi corazón de odio, a causa de aquél que me ofendió, ayúdame a perdonar y evitar más dolor. Quiero que a mi espíritu entre tu bondad en todo su esplendor y flote en el ambiente el perfume del amor que se me dio, sentir paz y libertad, respirar aire limpio como tierna picaflor. Brille el sol en todo su fulgor para adorarte mi Señor.

Padre Nuestro, que estás en el cielo, santificado sea tu nombre; venga a nosotros tu reino; hágase tu voluntad, en la tierra como en el cielo. Danos hoy nuestro pan de cada día; perdona nuestras ofensas, como también nosotros perdonamos a los que nos ofenden; no nos dejes caer en la tentación, y líbranos del mal. Amén.

Dios te salve, María, llena eres de gracia, el Señor es contigo. Bendita tú eres entre todas las mujeres, y bendito es el fruto de tu vientre: Jesús. Santa María, Madre de Dios, ruega por nosotros, pecadores, ahora y en la hora de nuestra muerte. Amén.

Gloria al Padre, al Hijo y al Espíritu Santo. Como era en el principio, ahora y siempre, por los siglos de los siglos. Amén.

DÍA SEXTO

Sólo tu recuerdo me llena de amor, divino Corazón de Jesús mi salvador. Tus palabras de consuelo son dulce canción, que los Ángeles entonan con admiración. Te dedico esta novena mi cándido Señor, para que borres de mi mente con tu poder sanador, los recuerdos que me atormentan sin compasión. Coloca tu mano en mi frente para recibir la sanación. Para recuperar la tranquilidad y olvidar aquello que cause dolor. Escucha a este pobre corazón que late como tambor. Un latido cariñoso para ti Príncipe encantador.

Padre Nuestro, que estás en el cielo, santificado sea tu nombre; venga a nosotros tu reino; hágase tu voluntad, en la tierra como en el cielo. Danos hoy nuestro pan de cada día; perdona nuestras ofensas, como también nosotros

perdonamos a los que nos ofenden; no nos dejes caer en la tentación, y líbranos del mal. Amén.

Dios te salve, María, llena eres de gracia, el Señor es contigo. Bendita tú eres entre todas las mujeres, y bendito es el fruto de tu vientre: Jesús. Santa María, Madre de Dios, ruega por nosotros, pecadores, ahora y en la hora de nuestra muerte. Amén.

Gloria al Padre, al Hijo y al Espíritu Santo. Como era en el principio, ahora y siempre, por los siglos de los siglos. Amén.

DÍA SÉPTIMO

Quiero ser una más de tus ovejas, trabajar en orden y armonía como las abejas. Aprender de tus parábolas y cuentos, llenos de importantes acontecimientos, que nos dan luz de vida agraciadas candilejas. Sagrado Corazón de Jesús enséñame a tratar a todos con amor y de mí no haya quejas. A mis seres más queridos llenarlos de contento, sin guardar ningún mal sentimiento. Deja que entre a mi hogar esa paz que tú reflejas. ¡Oh! Venerado Corazón haz que se olviden rencillas viejas.

Padre Nuestro, que estás en el cielo, santificado sea tu nombre; venga a nosotros tu reino; hágase tu voluntad, en la tierra como en el cielo. Danos hoy nuestro pan de cada día; perdona nuestras ofensas, como también nosotros perdonamos a los que nos ofenden; no nos dejes caer en la tentación, y líbranos del mal. Amén.

Dios te salve, María, llena eres de gracia, el Señor es contigo. Bendita tú eres entre todas las mujeres, y bendito es el fruto de tu vientre: Jesús. Santa María, Madre de Dios, ruega por nosotros, pecadores, ahora y en la hora de nuestra muerte. Amén.

Gloria al Padre, al Hijo y al Espíritu Santo. Como era en el principio, ahora y siempre, por los siglos de los siglos. Amén.

DÍA OCTAVO

Quiero merecer tu gracia mi hermoso Rabino, para ser por todos querido y beber de tu vino. Así como tú eres amado permite que me abran su corazón mis hermanos, a los que he querido sentir cercanos. He suplicado por amor como peregrino, buscando su calor mi vida es un remolino y aunque busque consuelo pasa triste el verano. Ayúdame Señor para que mi esfuerzo no sea en vano. Envuélveme en tu manto de blanco lino, para en adelante cambie mi destino. A tus pies estoy atento.

Padre Nuestro, que estás en el cielo, santificado sea tu nombre; venga a nosotros tu reino; hágase tu voluntad, en la tierra como en el cielo. Danos hoy nuestro pan de cada día; perdona nuestras ofensas, como también nosotros

perdonamos a los que nos ofenden; no nos dejes caer en la tentación, y líbranos del mal. Amén.

Dios te salve, María, llena eres de gracia, el Señor es contigo. Bendita tú eres entre todas las mujeres, y bendito es el fruto de tu vientre: Jesús. Santa María, Madre de Dios, ruega por nosotros, pecadores, ahora y en la hora de nuestra muerte. Amén.

Gloria al Padre, al Hijo y al Espíritu Santo. Como era en el principio, ahora y siempre, por los siglos de los siglos. Amén.

DÍA NOVENO

Sagrado Corazón de Jesús purifica mi alma indecisa. Te ruego amado Padre y ante ti me inclino en forma sumisa. Enséñame a amarme y salir de esta oscuridad, andar el camino con seguridad. Pueda ante todos lucir una sonrisa, sin sentirme en la cornisa. Ayúdame a aceptarme como soy en realidad y no ver mis defectos como enfermedad. Pastor de amor permíteme respirar tu brisa, dame una guía precisa, para encontrar la felicidad, queriéndome con lealtad, sin esconderme bajo la frisa. Amado Padre devuélveme la risa.

Padre Nuestro, que estás en el cielo, santificado sea tu nombre; venga a nosotros tu reino; hágase tu voluntad, en la tierra como en el cielo. Danos hoy nuestro pan de cada día; perdona nuestras ofensas,

como también nosotros perdonamos a los que nos ofenden; no nos dejes caer en la tentación, y líbranos del mal. Amén.

Dios te salve, María, llena eres de gracia, el Señor es contigo. Bendita tú eres entre todas las mujeres, y bendito es el fruto de tu vientre: Jesús. Santa María, Madre de Dios, ruega por nosotros, pecadores, ahora y en la hora de nuestra muerte. Amén.

Gloria al Padre, al Hijo y al Espíritu Santo. Como era en el principio, ahora y siempre, por los siglos de los siglos. Amén.

ORACIÓN FINAL

Mi gran Señor empápame de amor, quiero dar a todos el calor que tu buen corazón nos ha enseñado, sin dejar a nadie a un lado. Que tu blanco resplandor gire a mí alrededor. Aún el que no me ame a la cena sea invitado, siguiendo tu ejemplo fino y delicado. Es mi deseo que el cariño que a mi llegue cada día sea mayor y que en sus matices tenga del arco iris el color. Todas las flores que has cultivado sean luminarias para el enamorado.

Padre Nuestro, que estás en el cielo, santificado sea tu nombre; venga a nosotros tu reino; hágase tu voluntad, en la tierra como en el cielo. Danos hoy nuestro pan de cada día; perdona nuestras ofensas, como también nosotros perdonamos a los que nos ofenden; no nos dejes caer en la tentación, y líbranos del mal. Amén.

Dios te salve, María, llena eres de gracia, el Señor es contigo. Bendita tú eres entre todas las mujeres, y bendito es el fruto de tu vientre: Jesús. Santa María, Madre de Dios, ruega por nosotros, pecadores, ahora y en la hora de nuestra muerte. Amén.

Gloria al Padre, al Hijo y al Espíritu Santo. Como era en el principio, ahora y siempre, por los siglos de los siglos. Amén.

Papá Dios: que tu sabiduría nos guíe; que tu luz ilumine nuestro camino; que tu amor nos de paz; que tu poder nos proteja, y que por donde quiera que caminemos, tu presencia nos acompañe. Gracias Papá Dios que ya nos oíste. Amén.

www.ingramcontent.com/pod-product-compliance
Lightning Source LLC
Chambersburg PA
CBHW070634150426
42811CB00050B/304